# 对校园欺凌说不

熊丙奇 著　　卡 游 绘

上海教育出版社
SHANGHAI EDUCATIONAL
PUBLISHING HOUSE

图书在版编目（CIP）数据

对校园欺凌说"不" / 熊丙奇著；卡游绘. 上海：
上海教育出版社，2025.5（2025.9 重印）. — ISBN 978-7-5720-3466-4

Ⅰ. G474-49

中国国家版本馆CIP数据核字第2025V0M471号

策划编辑　刘美文

责任编辑　周　伟

装帧设计　王鸣豪

**对校园欺凌说"不"**

熊丙奇　著

卡　游　绘

出版发行　上海教育出版社有限公司

官　　网　www.seph.com.cn

地　　址　上海市闵行区号景路159弄C座

邮　　编　201101

印　　刷　上海盛通时代印刷有限公司

开　　本　700×1000　1/16　印张 8.25

字　　数　82 千字

版　　次　2025年5月第1版

印　　次　2025年9月第2次印刷

书　　号　ISBN 978-7-5720-3466-4/G·3096

定　　价　68.00 元

如发现质量问题，读者可向本社调换　电话：021-64373213

# 前　言

近年来，校园欺凌事件不时发生，引起社会舆论高度关注。

校园欺凌对学生的身心健康发展有着严重的负面影响。新修订的《中华人民共和国未成年人保护法》把反校园欺凌列入法律，其中第三十九条明确规定："学校应当建立学生欺凌防控工作制度，对教职员工、学生等开展防治学生欺凌的教育和培训。"

但从现实看，对学生的反欺凌教育还存在简单说教、形式化、概念化等问题，部分学生仍缺乏反欺凌意识。另外，当前学校、家长对"有形欺凌"比较重视，而校园中存在的不经意的"隐形欺凌"却常常被忽视，这同样需要学校、家庭和社会高度关注。

这本《对校园欺凌说"不"》，采取"图书＋卡牌"的组合形式，主要针对日常中经常发生但没有引起重视的欺凌问题，对青少年学生进行有针对性的反欺凌教育，让他们形成反欺凌的意识，掌握反欺凌的方法，并引导学生形成健康的人生观、价值观。本书既适合青少年学生自己阅读，也适用于学校、家庭对学生进行反欺凌教育指导和培训。

# 阅读准备
# "欺凌"知多少？

## 一、欺凌的基本概念

### 欺凌与暴力

暴力包含欺凌，欺凌一定具有暴力特征，但暴力不一定是欺凌。

欺凌具有多次、持续的特点。如某个学生与另一个学生发生肢体冲突，有打耳光、拳打脚踢、撕扯行为，如果是第一次发生，这属于暴力行为，而不是欺凌；如果这种情况多次、反复发生，则属于欺凌。

### 欺凌、校园欺凌与学生欺凌

欺凌包含校园内外的欺凌，是一个涉及所有欺凌的概念。如有学生在校外遭遇社会青年的欺凌，这不属于校园欺凌，但属于欺凌。

校园欺凌指发生在校园里的欺凌。对学生而言，校园欺凌包括教职员工对学生的欺凌和学生之间的欺凌。

学生欺凌专指学生之间发生的欺凌。我国《未成年人保护法》规定：学生欺凌，是指发生在学生之间，一方蓄意或者恶意通过肢体、语言及网络等手段实施欺压、侮辱，造成另一方人身伤害、财产损失或者精神损害的行为。

## 认定欺凌的准则

**准则1**

具有主观恶意。欺凌者带有明显故意、不怀好意的主观意图。

**准则2**

有具体欺凌行为。欺凌行为包括肢体欺凌、言语欺凌、财物欺凌、社交欺凌、网络欺凌等。

### 肢体欺凌

包括殴打、脚踢、掌掴、抓咬、推撞、拉扯等行为。

### 言语欺凌

包括辱骂、讥讽、嘲弄、挖苦、起侮辱性绰号等行为。

### 财物欺凌

包括抢夺、强拿硬要或者故意毁坏他人财物等行为。

### 社交欺凌

包括恶意排斥、恐吓、威胁、逼迫、孤立他人，影响他人参加学校活动或者社会交往等行为。

### 网络欺凌

包括通过网络捏造事实诽谤他人、散布谣言或者以错误信息诋毁他人、恶意传播他人隐私等行为。

造成伤害后果。欺凌会造成身体伤害、财产损失以及精神损害等后果，被欺凌学生可能会出现成绩下降、情绪低落、精神恍惚、不愿出门、害怕恐惧等问题。

**身体伤害**　从法律角度看，欺凌造成的身体伤害包括重伤、轻伤、轻微伤三等。按照损伤严重程度由重至轻依次分为：重伤一级、重伤二级、重伤三级；轻伤一级、轻伤二级、轻伤三级；轻微伤一级、轻微伤二级，共八级。其中，重伤是指使人肢体残废、毁人容貌、丧失听觉、丧失视觉、丧失其他器官功能或者其他对于人身健康有重大伤害的损伤；轻伤是指物理、化学及生物等各种外界因素作用于人体，造成组织、器官结构的一定程度的损害或者部分功能障碍，尚未构成重伤又不属轻微伤害的损伤；轻微伤指的是造成人体局部组织器官结构的轻微损伤或短暂的功能障碍。

**财产损失**　包括被欺凌者被抢夺、勒索的财物以及被损毁的物品。比如有学生因生活费被抢走，影响了正常的生活。

**精神损害**　欺凌会造成被欺凌者出现易怒、失眠、噩梦、容易受惊吓等应激反应，以及悲观、失望、焦虑、抑郁等情绪，严重的甚至会产生与自杀相关的消极逃避观念。

## 二、对实施欺凌学生的处理

学生如果被欺凌，要及时向家长、学校报告，或报警；一旦发现学生遭受欺凌，学校和家长要及时相互通知，对严重的欺凌事件，要向上级教育主管部门报告，并迅速联络公安机关介入处置。

### 学校处理

学校要成立学生欺凌治理委员会，对学生、家长反映的欺凌问题进行调查、认定。

对有殴打、辱骂、恐吓、强行索要财物等欺凌行为，情节轻微的学生，学校要进行批评教育、警示谈话、加强管教。具体措施包括：予以训导；要求遵守特定的行为规范；要求参加特定的专题教育；要求参加校内服务活动；要求接受社会工作者或者其他专业人员的心理辅导和行为干预等。

对屡教不改、多次实施欺凌和暴力的学生，学校要给予处分，将欺凌行为登记在案并将其表现记入学生综合素质评价。

同时，对实施欺凌和暴力的学生，学校要充分了解其行为动机和深层原因，有针对性地进行教育引导和帮扶，给予其改过机会，避免歧视性对待。

## 矫治教育

对欺凌行为情节严重的，公安机关要介入调查、处理，具体矫治教育措施包括：予以训诫；责令赔礼道歉、赔偿损失；责令具结悔过；责令定期报告活动情况；责令遵守特定的行为规范，不得实施特定行为、接触特定人员或者进入特定场所；责令接受心理辅导、行为矫治；

责令参加社会服务活动；责令接受社会观护，由社会组织、有关机构在适当场所对未成年人进行教育、监督和管束等。

对屡教不改、多次实施欺凌和暴力、情节严重的学生，必要时（如其父母或者其他监护人、所在学校无力管教或者管教无效的），将转入专门学校就读。专门学校是对有严重不良行为的未成年人进行矫治教育的学校。

如果欺凌学生实施了我国《刑法》规定的行为，只是因不满法定刑事责任年龄不予刑事处罚，经专门教育指导委员会评估同意，教育行政部门会同公安机关可以决定对其进行专门矫治教育。

## 违法犯罪处理

对欺凌行为构成违法犯罪的学生，要根据《治安管理处罚法》《刑法》等法律法规予以处置，区别不同情况，处理措施包括：

**1. 给予相应的治安管理处罚，包括警告、罚款、行政拘留。**

我国《治安管理处罚法》规定：

已满十四周岁不满十八周岁的人违反治安管理的，从轻或者减轻处罚；不满十四周岁的人违反治安管理的，不予处罚，但是应当责令其监护人严加管教。

已满十四周岁不满十六周岁的；已满十六周岁不满十八周岁，初次违反治安管理的；依法应当给予行政拘留处罚的，不执行行政拘留处罚。

**2. 给予刑事处罚，特别是对犯罪性质和情节恶劣、手段残忍、后果严重的，必须坚决依法惩处。**

我国《刑法》第十七条规定：

已满十六周岁的人犯罪，应当负刑事责任。

已满十四周岁不满十六周岁的人，犯故意杀人、故意伤害致人重伤或者死亡、强奸、抢劫、贩卖毒品、放火、爆炸、投放危险物质罪的，应当负刑事责任。

已满十二周岁不满十四周岁的人，犯故意杀人、故意伤害罪，致人死亡或者以特别残忍手段致人重伤造成严重残疾，情节恶劣，经最高人民检察院核准追诉的，应当负刑事责任。

对依照前三款规定追究刑事责任的不满十八周岁的人，应当从轻或者减轻处罚。

因不满十六周岁不予刑事处罚的，责令其父母或者其他监护人加以管教；在必要的时候，依法进行专门矫治教育。

## 三、对被欺凌学生的关爱

### 学校关爱

学校要对学生进行反欺凌教育，要及时掌握学生思想情绪和同学关系状况，特别要关注学生有无学习成绩突然下滑、精神恍惚、情绪反常、无故旷课等异常表现及产生的原因。

学校、老师要重视学生报告的被欺凌问题，按规定进行调查、认定，依法依规对实施欺凌行为的学生做出处理，进行教育惩戒，为被欺凌学生伸张正义。在调查、处理欺凌问题时，要注意保护学生的隐私，适时给予心理辅导。

### 家长关爱

家长要关注孩子的精神状况、情绪变化、行为异常，及时发现孩子被欺凌的问题。对于孩子反映的被欺凌问题，要及时报告学校或报警，采取合法的方式，有理有节维护孩子的合法权利，要求实施欺凌的学生及其家长（监护人）承担侵权责任。在处理问题时，要注意保护孩子的隐私，关注孩子的心理问题。

### 司法关爱

对于学生家长、学校报告的严重欺凌问题，公安部门要介入调查，公正处理。该受行政、刑事处罚的，必须依法进行处罚。未成年人因学生欺凌等行为遭受损害的，人民法院应当综合考虑欺凌行为的强度、持续时间以及对被侵害人身体、心理造成的损害后果等各方面因素，依法判决侵权人承担侵权责任。同时，还要注意充分发挥赔礼道歉的修复、抚慰、诫勉功能和作用。

此外，我国还在推进落实监护人责任追究制度。根据《民法典》等相关法律法规的规定，未成年学生对他人的人身和财产造成损害的，依法追究其监护人的法律责任。

# 目录

# Chapter ——————

# 这些可不是
# "恶作剧"

不能玩的"恶作剧"

要有"同理心"

要换位思考

# 情境再现

课堂上，同学 A 站起来回答老师的问题，后排的同学 B 悄悄将其凳子抽掉，同学 A 回答完问题后，一屁股坐在了地上，同学 B 捂着嘴笑。摔倒的同学 A 想站起来，却怎么也站不起来，躺在地上直喊疼。老师发现后，过来察看，随后拨打了"120"，医生检查后发现同学 A 的尾椎骨骨折了。

同学 B 的这一行为已经不止一次发生了，以前也发生过，但没有造成伤害后果。老师曾对全班同学进行过教育，告诉大家这种行为很危险，绝对不能做。但同学 B 显然没有把老师的话当回事。

# 误区辨析

　　悄悄抽掉同学的凳子，看同学摔倒在地上"出洋相"，有一些同学认为这是"恶作剧"，是出于"好玩"。有一些短视频，也以此作为"恶搞"题材吸引关注，让人认为这是同学间"开玩笑"的手段。由于多数情况下，被抽掉凳子的同学摔倒后没有发生伤害后果，只是受到"惊吓"，也让人忽视了这一行为的危害性。在发生严重伤害后果后，抽凳子的同学及其家长还说，这是恶作剧，就是"闹着玩儿"，没有"恶意"。

## 正解透视

　　悄悄抽掉同学凳子的行为，就如高空抛物行为一样，即便没有产生伤害后果，也是不允许的。这种行为不是"恶作剧"，而是对同学的故意伤害，要明确制止。

　　如果这一行为是第一次发生，没有造成伤害后果，学校、老师也要对学生进行批评教育；如果造成同学严重受伤的伤害后果，这不会被认定为校园欺凌，但抽凳子同学的家长（监护人）要承担赔偿责任，抽凳子同学也要根据调查结果，被依法追究法律责任。

　　如果这一行为是多次发生，或者除这一行为外，还有其他针对这名同学的"恶作剧"行为，如在其衣领里、书包里放昆虫，在其走路时伸出脚去使绊，就要被认定为校园欺凌。这些行为会给同学造成持续的惊吓以及身体伤害。

# 以身作则

## 准则 1

　　会造成伤害后果的行为，不能被视为"玩笑"，不要以任何理由伤害他人，也不要让别人伤害自己。同学间有打闹行为很正常，但打闹行为应没有伤害、欺辱的意图，不能把带有伤害、欺辱意图的欺凌行为说成是普通打闹。

## 准则 2

　　不论是否产生严重伤害后果，抽凳子等具有危险性的行为都是不允许的。

## 准则 **3**

理解这种行为的危险性，要有"同理心"，要换位思考，即站在被抽掉凳子同学的角度去理解这种行为。如果"恶作剧"发生在自己身上，造成受伤的后果，还会认为这是"恶作剧"吗？

# 更多延伸

类似发生在同学间的"恶作剧"还有：

**❶** 向同学泼温度很高的热水；

**❷** 用打火机烧同学头发、点燃衣物；

**❸** 把昆虫放进同学的衣领里；

**❹** 在门框上放盆水，同学进门后被倒下的水淋湿；

**❺** 恶搞、拼贴同学的不实图片并发布。

……

以上这些都不是"恶作剧"，而是可能造成伤害后果的危险行为。

## 正误大讨论

　　说说你身边发生的"恶作剧"。谈谈这些"恶作剧"可能造成的伤害。你认为这些"恶作剧"是"闹着玩"吗?

## 身临其境

　　设计并表演有关"恶作剧"的情景剧。人物包括：1名老师，2名家长（当事同学双方家长），3名同学（2名当事同学，1名其他同学）。具体剧情为：实施"恶作剧"后不同人物的态度，表演要有戏剧性。

# 别说同学是"学渣"

## 别把同学分"优生""差生"

## 每个人都有自己的"闪光点"

# 情境再现

爸爸："你在学校里最要好的同学是谁？"

儿子："是张小明。"

爸爸："他成绩怎么样？班里排多少名？"

儿子："小明成绩不怎么好，这次考试数学是班级倒数。"

爸爸："你不准再和他一起玩，他对你的学习和未来发展都不会有什么帮助！"

儿子："但他人很好呢……"

爸爸："上学的朋友就是今后的人脉，成绩不好就没有出息，你想和他一样吗？"

儿子："可是……"

爸爸："没有什么可是，你没听过'近朱者赤，近墨者黑'吗？你和'学渣'一起玩，就会成为'学渣'！"

儿子："那小明和成绩比他好的同学交朋友不对吗？像您这么说，那成绩比我好的同学也不该和我交朋友了！"

# 误区辨析

家长教育孩子，在学校里要与成绩好的同学交朋友，远离成绩差的同学。"不要交'学渣'朋友！""要想今后考好大学，远离这几类同学！""不要跟某某同学玩！"在日常的学习生活中，有不少人习惯按考试成绩把同学分为"优生""差生""学霸""学渣"。

在不少场合都可以听到这样的话：学生的任务是学习，就应该努力学习，"争取第一名"，成绩不好的学生，肯定学习习惯也不好，和他们交朋友会被传染上不好的习惯。要进步，就要和成绩好的同学做朋友。

家长以为教育孩子只和"好学生"交朋友，会让孩子变得更优秀，但把学生分为"好学生"和"差学生"，就是对学生贴标签，进行歧视。那些被歧视、被孤立的学生也就遭遇了社交欺凌，把学习成绩不好视为"耻辱"，没有自信，在同学面前变得自卑，觉得自己没有前途，于是自暴自弃。

# 正解透视

　　每个人都有自己的优势，学习成绩不好的学生并不是"问题学生"，他们也有自己的优点、闪光点。我们要看到每个人身上的闪光点。按成绩把学生分为"优生""差生"，并对"差生"另眼相看，这不但激励不了学生积极上进，反而打击、羞辱了"差生"。

　　对同学进行区别对待、歧视的人也可能遭遇歧视。谁能保证自己就是"学霸""优生"，而不是他人眼中的"学渣""差生"呢？按成绩把学生分为"三六九等"，在学生中形成"成绩鄙视链"，这不仅会让学生的学业压力增大，还容易产生围绕学习成绩的"隐形欺凌"。

# 以身作则

## 准则 1

　　不能再按成绩把同学分为"优生""差生"。有时"学渣"的自我调侃，也可能导致其他同学产生自卑。

## 准则 2

　　"阳光少年"并不专指成绩好的学生，班级里只要遵守校规校纪、文明礼貌、尽力学习、健康生活的学生都是"阳光少年"。

## 准则 3

　　在班级中，每个同学都会有自己交好的朋友，但交好朋友，不能变为一个团体去共同排斥、冷落、孤立某个同学，这会伤害其人格、尊严，要学会平等、包容地对待所有同学。

## 更多延伸

类似对同学的排斥、孤立、羞辱情况还有：

❶ "你总是拖班级的后腿，这些活动你就不要参加了！"

❷ "你也不照照镜子，这么不自量力！"

❸ "你不要在我们这一组，去其他组吧！"

......

## 正误大讨论

你身边有排斥、孤立某个同学的现象吗？你和其他同学一起故意排斥过某个同学吗？你认为这么做对吗？

开展班级活动，说出班级每个同学的一个优点，转变用单一分数评价同学的思维。

# 身临其境

　　说说我的"朋友圈"：有同学的朋友圈有很多朋友；有同学的朋友圈只有"高端朋友"；有同学的"朋友圈"没有好友……展现不同的交友标准，以及不同朋友圈的精神状态。

## Chapter ————————————————————

# 一定保护好
# 我们的身体

**不能让别人触碰隐私部位**

**要有自我保护意识**

03

## 情境再现

### 1

学校操场上，一群学生正在体育课上跑步。

跑步队伍的尾部，女同学 A 在慢速跑步中。

这时，跑在旁边的男同学 B 有意无意地用手肘和肩膀触碰到女同学 A 的胸部，还笑嘻嘻地说："咋不跑快点呀！"

女同学 A 因发育较早，身高、胸部的发育均比其他女生要明显，因此常常感到自卑，上体育课更怕跑步，每次都是跑在队伍的最后。

面对男同学 B 的言行，女同学 A 顿时羞红了脸，连忙往旁边跑开。

体育课结束后，学生陆续回到教室。在快到自己座位时，女同学 A 突然感觉有人拍了一下自己的屁股。

男同学 B："小 A，借支笔用用呗！"

女同学 A："借笔就借笔，你干吗拍我屁股！"

男同学 B："哎呀，都是同学嘛，干吗大惊小怪的！"

女同学 A："那你也不能拍我屁股呀……"

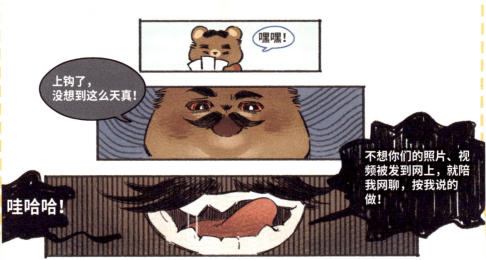

# 情境再现

## 2

某舞蹈培训机构内，两个刚上完舞蹈课的女生在小声通着电话。

女生A："我们培训班老师说，有个平面模特选秀活动，说我的气质、身材特别好，很符合要求，被选中的概率很大，推荐我参加呢。"

女生B："真的吗？你身材这么好，肯定能选上的。"

女生A："嗯！老师说最好邀请好朋友一起参加，两人组合的方式选中概率更高！咱俩身材都差不多，我们又是好朋友，你可一定要跟我一起哦！"

女生B："可是我不太喜欢拍照哎。"

女生A："我们可是好朋友，你不答应就太不够朋友了，我要跟你绝交！"

女生B："不要不要，我答应你就是了。"

女生A："这还差不多，报名只需要

准备三张内衣照片和一段穿内衣的小视频就可以了。"

女生 B："啊？这样不太好吧，我妈说不能随便拍隐私照片给别人。"

女生 A："都什么年代了，这么保守。人家承诺都会保密的。我都拍好发给老师了，你也赶紧拍好哈。"

女生 B："那好吧，我晚上回家就拍。"

女生 A："老师看了我的照片说很好，身材超过了很多人呢。以后还可以出写真集，当明星！"

女生 B："那我们就能一起出道当明星啦。"

女生 A："那我们赶紧想想我们的组合叫什么名字好呢？对了，老师说先不要跟爸爸妈妈说，等我们选中了再给爸妈一个惊喜，要保密哦！"

女生 B："好的！"

老师拿到两位女生的照片和视频后，原形毕露："哪有那么多明星，你们太天真了！不过你们的照片、视频都在我手上，不想被发到网上，被你们的同学、老师、家长知道的话，就陪我网聊……"

女生 A、B："呜呜呜！你这个大骗子……"

由于担心自己的照片、视频被传播出去，俩女生被迫答应，从此学习提不起精神，晚上还做噩梦，成绩一落千丈，每天生活在胆战心惊中。

## 误区辨析

虽然青少年被教育不要泄露自己的隐私照片、视频，但有一些同学很容易受到网友"个性交友""招募童星"的蛊惑，轻信对方，把隐私照片、视频发给对方，对方再以掌握隐私照片、视频来威胁强迫其就范。这给青少年造成严重的身心伤害。青少年"网络交友"存在的一大误区是：认为网友都是"好人"。

能如此轻易被"网友"欺骗，就更容易被熟人、"好朋友"欺骗了。有同学在交往中，拍下隐私照片、视频发给好朋友，以表明双方的关系"很铁"，可以"坦诚相见"。但这是十分危险的，"好朋友"可能会把这些隐私照片、视频发给别人看。还有的"好朋友"用隐私照片、视频来进行勒索。"好朋友之间要亲密无间，没有隐私"，这是严重的误区。

"都是熟人，父母都认识，怎么会伤害你！"这是又一误区。据调查显示，有超过70%的针对未成年人的性侵犯，属于熟人作案，被侵犯者缺乏对熟人的警惕意识。所以，不仅不能轻信陌生人，还要和熟人保持"安全距离"。

# 正解透视

　　每个同学都要保护好自己的身体，要有隐私意识，不能拍摄隐私照片、视频发给任何人，哪怕是和自己关系最亲密的人。即便去拍摄留着自己纪念的隐私照片，也要注意防止这些照片被摄影师外泄，要签保密协议。

　　身体的隐私部位，就是背心、裤衩覆盖的地方，隐私部位要穿衣服覆盖，不让别人看，也不能让人触摸。不要和陌生人单独相处，不要图方便搭乘陌生成年人的车辆或黑车。如果有人（包括邻居、亲戚、老师、父母的朋友）触摸自己的隐私部位，要勇敢地告诉父母和警察。

# 以身作则

## 准则 1

　　陌生人、"熟人"，甚至"最好的朋友"，都有可能成为侵犯者。"好人"不能只从外表判断，对于任何人，都要保护好自己的身体。不要随便享用陌生人提供的饮料或食品；不要接受异性提供的带有色情的图片、视频、小说；遇到熟悉异性的非分要求，要明确拒绝。

## 准则 2

　　不要让熟人、长辈随便触碰自己的身体，如果有这样的事发生，要当场拒绝并告诉父母、老师，不用害怕、担忧或顾及对方的"面子"。

## 准则 3

放学后，不要单独留在学校里"帮老师"工作，如果老师有抚摸自己身体的行为，要大胆说"不"，并及时告诉父母。

## 准则 4

没有身体接触的、向未成年人索要隐私照片、视频，或者要求裸聊，说污言秽语等，也属于猥亵、侵犯行为。遇到索要隐私照片、视频等行为，要拒绝；如果对方拿隐私照片、视频进行威胁，要及时报告父母和警察。

## 更多延伸

青少年遭遇性骚扰、猥亵、性侵犯的问题，在各种场合都可能发生，包括：

❶ 在校园的教室里、教师办公室，以及学校隐蔽的地方；

❷ 在公交车、地铁、电梯等公共场合；

❸ 在朋友家里，在旅途中；

❹ 在网络聊天、交友中。

……

因此，青少年在所有场合都要重视保护好自己的隐私，保护好自己的身体，要有警惕意识。

## 正误大讨论

父母对你进行过性教育吗？你是通过哪些渠道获得与性相关的知识的，是生理卫生课、学校的讲座，还是色情视频、书刊？你对异性的身体感到神秘、好奇吗？你认为性话题可以公开谈论，还是羞于启齿？

## 身临其境

　　识别网络"大灰狼"：设计上网时被陌生人申请添加好友，识破对方的不良企图并让其受到法律处罚这一情境并进行表演。

　　班级每个同学依次说出一个保护自己的行为，如不喝陌生人给的饮料，每个同学说出的行为不能重复。

# Chapter

# 那些不能说出的"秘密"

不打听泄露他人隐私

保守个人和朋友秘密

04

# 情境再现

同学 A 和同学 B 住在一个宿舍里。

一天，趁同学 B 不在宿舍，同学 A 出于好奇，拉开同学 B 的床帘，去看同学 B 床上都有什么东西，结果看到同学 B 的枕头旁边有一盒痔疮膏。"原来他有痔疮啊！"同学 A 想。

第二天，同学 A 把这一得来的"秘密"告诉了自己的好友，"你猜猜我发现了什么……"

很快，班里有多名同学知道同学 B 的这一"秘密"，纷纷以异样的眼光看着同学 B。而同学 B 也发现自己有痔疮这一消息，是被同学 A 发现并传播出去的。

为此，俩人大吵了一架。同学 B 质疑同学 A 未经允许乱翻自己的床位，侵犯自己的隐私，还把自己的隐私告诉别人。

同学 A 称："同宿舍同学有什么隐私？看看床位怎么了？我又没有在班里大声说，只是告诉了最好的朋友，是他大嘴巴说出去的！"

此后，两人互不说话。

# 误区辨析

　　有同学认为，在同一个宿舍中生活的同学之间没有隐私、秘密，理由是"大家都在一个房间里生活、睡觉"。这是错误的。在同一个宿舍里生活的同学，同样有自己的隐私，每个同学自己的床位、书桌、橱柜，都是其隐私空间，其他同学未经允许不能随意翻看。

　　同样，在同一个教室里上课的同学也是有隐私的。同学摆放在自己座位上的书本、文具盒，其他同学不能随意翻动，去看书本上写着什么、文具盒里有什么。

　　在得知他人的隐私后，有同学忍不住告诉了别人，和好友"分享"，以为只要特别关照好友不要告诉别人，就没有传播同学的隐私，这种行为好比掩耳盗铃。"我谁都没说，就只告诉你一个人！""你保证不告诉别人！"这些话语都是不靠谱的。

# 正解透视

　　每个同学都有属于自己的隐私，包括家庭情况、成长经历、身体疾病、心理问题、手机密码、银行账号、支付密码等。要注意保护这些信息，不要轻易泄露给他人，包括要好的朋友。也不要去打听同学的这些隐私信息。

　　如果有同学主动告知他的隐私信息，要学会为同学保守秘密。如同学出于信任，告知了他在成长过程中曾经遭到的伤害，听者就不能把这一信息告诉别人，否则既辜负了同学的信任，也是对同学的再次伤害。

　　如果无意间发现了同学的隐私，如在上厕所时发现同学穿的内裤都是破的，不要大肆传播，把其作为"笑料"嘲笑同学。再比如发现同学在服用治疗抑郁症的药物，不要告诉其他同学"他抑郁了"，这会加重该同学的心理问题，心理健康情况也是个人隐私。

　　未经同意，不要随意去翻动同学的物品，打探隐私信息，这是不尊重同学、侵犯同学隐私的行为。

　　"同学之间就应该亲密无间！""在父母面前，孩子有什么隐私？"这些说法都是错误的。每个人都有自己的隐私，师生关系、亲子关系、同学关系、朋友关系都要有边界感，不要越界进入别人的隐私空间。

# 以身作则

## 准则 1

每个人都有隐私权，要保护好自己的隐私，也要尊重他人的隐私。

## 准则 2

特别重要的隐私信息，如手机密码、电脑密码、银行密码、验证码等要注意保管好，再要好的朋友也不能随意"分享"。

## 准则 3

要控制"好奇心"和"分享欲"。不要打听他人的隐私信息；也不要传播他人的隐私。

## 准则 4

不要把隐私作为羞辱、攻击他人的武器，更不要编造虚假的隐私信息造谣中伤他人。

# 更多延伸

隐私是一个随着学生独立意识、自主意识的增强而不断强化的概念。学生对隐私的理解也随着社会不断的发展进步而变化。

如学生的考试成绩、排名，以前是公布的，而现在却被禁止公布，因为排名是学生的隐私，公布排名涉嫌侵犯学生的隐私。

再如身体健康情况也属于学生个人隐私，学校、老师可掌握学生身体健康情况，用于更好地开展适合学生身心状况的教学活动（如患某种疾病的学生不适合进行剧烈的体育运动），但不能泄露、公开，更不能因健康问题对学生进行健康歧视。

## 正误大讨论

学习成绩、班级排名是学生的隐私吗?

有两种不同的观点:一种是"学生的任务就是学习,要公布考试排名,成绩不好的学生就应该觉得羞耻,要知耻而后勇";另一种是"用考试分数作为单一标准评价学生是错误的,每个学生都有自己的个性、特长,学习成绩、排名也是学生的隐私,不要打听,更不要传播"。你认为哪种观点是正确的?

"某某同学是班上最后一名!""这么差的成绩,今后能做什么呢?""不努力学习,成绩差,就是废物!"这些话,你赞成吗?

## 身临其境

隐私是怎么被别人知道的?组成小组,设计不同的隐私被他人知道的场景,探寻隐私被泄露的"路径"。

Chapter

# 要知道没有人
# 高人一等

**不嘲笑同学家庭父母**

**平等对待每个同学**

05

爸爸，

你以后穿外卖衣服就不用来接我放学了。

外卖衣服怎么了？送外卖又不丢人！

你不丢人，我丢人啊！

同学都让我不要穿校服来上学，

让穿你的外卖服……

石化

知道了，以后爸爸换好衣服再来接你。

# 情境再现

小明："爸爸，你以后不要到学校来接我了！"

爸爸："为什么啊？爸爸送完外卖正好来接你。"

小明："你不穿外卖衣服来接还好，穿外卖衣服，同学都知道我爸爸是送外卖的了！"

爸爸："送外卖又不丢人！"

小明："你不丢人，我丢人啊，同学都说我不要穿校服来上学，让穿你的外卖服……"

爸爸："知道了，以后我换好衣服再来接你。"

## 误区辨析

在学生中存在按父母开的车、父母的职务来区别对待同学的现象。有的家长也教育孩子在学校里不要交"穷朋友"，要和家庭富裕的同学往来，因为家庭富裕的同学有更多资源。

还有的家长，告诉孩子学习的目的就是要做"人上人"；"吓唬"孩子如果不努力学习，考不上好的大学，以后就要去"做苦力"，在工地上搬砖，给别人送外卖。

这是在给孩子灌输"等级观念"。一方面，这会造成学生之间相互攀比家庭财富、父母职务、社会地位，形成"拼爹"观念；另一方面，还会伤害家庭贫困学生的自尊，尤其是一些单亲家庭的孩子，会因为家庭原因而"抬不起头"，变得自卑、内向。

也有人认为，"穷人的孩子早当家"，对于家庭的贫困，不要太"玻璃心"，贫困的经历也是一种磨炼、一种财富。但这种说法并没有站在贫困家庭学生、特殊家庭学生角度考虑。"等级观"会导致学生形成功利的成才观与价值观。

# 正解透视

我国著名教育家陶行知说过："只有人中人，没有人上人，也没有人下人。"所以，每个学生学习、成才的追求不是要成"人上人"，而是要做平等的"人中人"。每个人的人格是平等的，"人上人"是特权思维。

对于每个学生来说，家庭经济情况、父母的职务也属于隐私，老师不能按家庭经济情况、父母职务情况区别对待学生，学生也不要以家庭经济情况进行攀比。

每个学生的家庭、父母不是自己能选择的。不可否认，家庭环境会对学生的学习、生活有很大影响，但这并不是成才的决定性因素，成才取决于学生自己的努力。

家庭贫穷不是学生的问题，每个学生要有正确的财富观，不要以家庭情况、父母职务取笑、挖苦同学。如果有同学这样取笑、挖苦自己，正确的应对不是"承认"自己家庭确实穷、父母没有出息给自己"丢脸"，由此去抱怨父母，而是要反驳同学的错误言语。父母即使是农民工、摆摊的个体户，但只要是靠自己的劳动合法获取报酬，就值得尊重。

# 以身作则

## 准则 1

　　每个学生要有平等的观念，对家庭贫困学生、特殊家庭学生要关爱，而不能"看不起"。不能泄露、传播同学的家庭隐私，更不能用这些隐私信息去伤害同学。

## 准则 2

　　等级思维、鄙视链会阻碍每个学生获得人生出彩的机会，也会让人变得狭隘，成为势利眼，缺乏包容心。

## 准则 3

　　不要用别人的错误伤害自己，不要因担心被嘲笑、"看不起"而不去参加社交活动，自我孤立会正中这些人的下怀。对于别人的"看不起"，要不卑不亢。

对不起，我不该嘲笑你。

## 更多延伸

等级思维、鄙视链在现实中无处不在，需要同学们加以正视：

① 学校鄙视链

② 学历鄙视链

③ 研学鄙视链

④ 文具鄙视链

……

什么都要比出"高低"，其实是不自信的表现。

每个学生都要有平等的观念。

## 正误大讨论

有人说，职业没有尊卑贵贱；也有人说，职业是有等级的。你今后想从事的职业是什么？你认为职业有高低贵贱吗？如果你的爸爸是外卖员，你愿意让爸爸穿着外卖服来接自己吗？

## 身临其境

在亲子活动中，有同学的爸爸、妈妈没有来，表演一下对待这名同学的不同方式，以及该同学的反应。

Chapter

# 不要有容貌焦虑，美在于心灵

不要有容貌健康歧视

尊重同学也是尊重自己

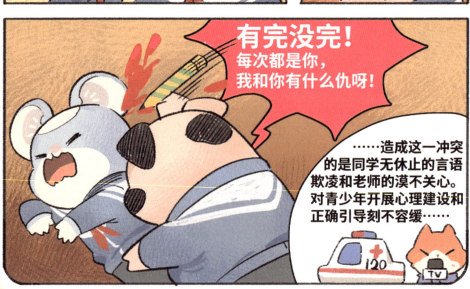

# 06

# 情境再现

这是一个真实的校园悲剧故事——

因大半个面部布满了黑色的胎记，从懂事起，小 A 同学就一直被同学取的一个个绰号困扰。到上初中时，他在日记本里记下的同学给他取的绰号，就有11个，如"花脸娃""麻子""黑熊猫""黑子""青面兽""黑狗"……

初三的某一天，当班上一名曾与他发生过纠纷的同学当面叫他"黑熊猫"时，他拔刀将对方捅成了重伤。

媒体记者在采访中发现，在这一悲剧发生前，小 A 同学共写了400多篇日记，其中有94篇记录了绰号给他的内心带来的伤害。

其中一篇日记这样写道：

绰号，又是绰号！一个个难听的绰号像不散的阴魂跟随着我，难道要伴随我的一生？今天，我和好朋友打了一架。哼，还是好朋友，竟叫我"黑屁股"。午休时，保卫科王老师找我谈心，我说我最讨厌别人给我起绰号，王老师安慰了我。我忍不住哭了，我说："我也不愿脸上是黑的呀！只怪娘不该生我……"

# 误区辨析

"取绰号没有什么，孩子都喜欢取绰号，这也是同学间的一种社交方式。"

"别对绰号那么敏感，喜欢你才给你取绰号，有的绰号也挺可爱的。"

"要有点自嘲精神，对绰号不妨'一笑了之'。"

不少同学都爱给人取绰号，觉得取绰号挺好玩。有的绰号是招人喜欢的，如"小诸葛""数学小王子""教授"；有的绰号，虽不那么好听，但也无伤大雅，如"八哥（指同学爱说话）""竹竿（指同学长得像竹竿）"；还有的绰号，则带有侮辱性质，如"潘金莲""瘸子""瞎子"等，这些带有侮辱性质的绰号，就是对同学的语言欺凌。

另外，有的在取绰号者看来没有恶意、羞辱意味的绰号，因其他同学的个性、性格不同，也可能会认为是羞辱，如果同学对绰号表示反感，就不能再叫这一绰号。

上述案例中的学生因脸上有胎记而被同学取了11个绰号。可以将心比心，如果自己脸上有胎记，还被同学嘲笑，心里会是什么样的感受？从小学到初中，他都被同学取绰号、叫绰号，也就是说，他一直生活在被欺凌的环境中，这是对其心灵很大的伤害。他用刀捅同学，毫无疑问是涉嫌违法犯罪了，而同学取绰号、叫绰号对其进行羞辱，则是重要的导火索。

## 正解透视

　　给学生取的绰号，很多与学生的相貌、身材、身体健康状况有关。据调查显示，身体残疾的学生遭到的欺凌比健康学生要多得多，其中很多残疾学生都曾被取与身体残疾相关的侮辱性绰号，遭遇歧视性对待。

　　与相貌、身材、健康相关的绰号多，也表明在学生之间的相处、交往中，还存在以貌取人、容貌歧视、健康歧视等问题。这会让学生产生容貌焦虑，特别在意自己的长相，有些学生就嫌自己长得不好看，想通过整容、整形让自己变得更美。而那些天生有特殊容貌，如面部畸形，有胎记、有缺陷的学生，又不能通过整容、整形来"变美"，就可能因长相原因遭遇歧视。

　　过度关注容貌，认为长得好看的人比较讨人喜欢，可以获得更多机会，这会影响学生的成才观，有的学生就想着今后"美美地做网红"。而其实，才华比容貌更重要，美不在于容貌，而在于心灵。

由于过度关注容貌，在学生中还存在另一种欺凌，就是认为"长得好看"的同学之所以能获得机会、被评优秀，是因为"长得好看"，于是编造虚假信息对其进行造谣。

有人说，对周围人的评价、眼光，不要过于敏感，要"钝感""脸皮厚"一些。别人想怎么说，就让他们说去，自己要变得"强大"，要有很强的生命力，就像小草一样，在石缝、路边都能生长。但是每个学生的性格是不一样的，有的适应能力比较强，感觉比较"迟钝"，不在乎别人怎么说；但有的天生就比较敏感、内向，特别在意他人的眼光，这是很难通过教育让他们变强大的。因此，更重要的是，每个学生要有对待容貌、身材、健康正确的认知。不要以貌取人，不要取笑他人的容貌、身材。

# 以身作则

## 准则 **1**

不要以他人容貌、身体特点取乐，要杜绝给同学取侮辱性绰号。

## 准则 **2**

如果身边有同学给他人取侮辱性绰号，自己不能同流合污，而应及时制止。

## 准则 **3**

不要把身体残疾、容貌特殊的同学视为"弱者","弱者"是那些貌似强大，却不懂得尊重他人的人。真正的"强者"是自尊、自强、平等友爱他人的人。

## 准则 **4**

不要以同情为名，做有损同学人格、尊严的事。

## 准则 5

如果对同学叫自己绰号感到不舒服，要向同学说出来。如果在自己明确反对之后，同学还继续叫这一绰号，要向家长和老师报告。

## 准则 6

长相普通的同学要接受自己的普通、不完美，自信、阳光的人最美。

## 更多延伸

当前，越来越多的同学更在乎美、追求美，但却不理解什么是美。

不少同学选择在暑假中去整形，甚至有同学整形上瘾。

整形美容呈现低龄化的趋势。

为增高，家长盲目给孩子吃生长激素。

## 正误大讨论

收集班级里同学取的绰号，讨论一下，哪些绰号是可以接受的，哪些绰号是带有侮辱性的？

别这样。

## 身临其境

"容貌对成功重要吗？"以整容为主题，表演不同同学对待相貌、整容整形的看法。

# 不攀比，
# 做最好的自己

不攀比嫉妒他人

接受差异性

做不一样的自己

07

# 情境再现

女儿："我不想在这所学校读书了，我要转学！"

妈妈："为什么？不是好好的吗？这几次考试都很好，进步很快，老师还在家长会上表扬你呢！"

女儿："就是因为老师的表扬，以前的好朋友都孤立我，都不和我说话了，还有同学给老师打小报告，说我变得目空一切，看不起其他同学，经常教训他们不好好学习、成绩差……"

妈妈："你有这些行为吗？"

女儿："没有啊，是他们乱说、造谣，他们就是见不得我好！觉得我成绩好了，就和他们不一样了。"

妈妈："我去找班主任说说……"

女儿："班主任已经找过我谈话了，要我不要骄傲，可我没有骄傲啊，同学们这样对我，我真的要崩溃了！"

## 误区辨析

在老师、家长眼里，孩子有很大的进步，取得优异的成绩，是一件大家都很高兴的事。但"几家欢喜几家愁"，有同学成绩进步，就有同学退步，还有的原地踏步。如果不能正确对待成绩的变化，成绩进步的同学就可能遭到其他同学的嫉妒。尤其当老师表扬进步的同学、家长回家教育孩子要向某个同学学习时，这名同学就可能会遭到嫉妒。

很多人认为"好朋友"之间不会有嫉妒，"好朋友"就要为朋友的进步叫好，但在"内卷"的学业环境中，来自"好朋友"的嫉妒有时反而会更严重。据调查发现，如果身边原本和自己差不多的同学突然变得优秀了，往往更容易遭到大家的嫉妒，说其坏话。

还有人认为，各方面条件都很好的学生是学生中的"强势群体"，不会被欺凌，被欺凌的通常都是成绩或条件不太好的"弱势"学生，这是很严重的误区。成绩好、优秀的学生也会遭遇被孤立、被排斥、被造谣、被诽谤的欺凌。当原本成绩好的学生出现成绩快速下滑、情绪低落等状况时，很大可能就是遇到了被孤立、被排斥等欺凌问题。

# 正解透视

今天评价学生更强调"横向比较"，也就是班级排名、年级排名，根据排名变化来论进步还是退步。这种评价体系是学生"内卷"、家长"焦虑"的根源。所谓"考考考，教师的法宝；分分分，学生的命根"。虽然教育部门要求学校不要公布学生排名，但是，由于升学要看考试排名，因此学生、家长还是很重视在班级、年级里的名次。

强调"横向比较"，就避免不了竞争，也就让学生有了更强的功利心。关注学生的进步，培养每一个学生成人、成才，应该淡化"横向比较"，重视"纵向发展"，也就是说，不是和其他学生比，而是和自己比，拿自己的今天和昨天相比，看是否有进步、变化。

每个学生都有不同的个性、兴趣、能力，不能用同一个标准评价所有学生。就如动物园里举办运动会，能让鱼、猴子、大象、乌龟、熊猫一起比赛爬树，谁爬得高谁就是冠军吗？每个人要看到自己的优点和不足，不断挑战自我、完善自我，努力做最好的自己。同时，还要学会为别人的成功鼓掌。

# 以身作则

## 准则 **1**

同学间会有学习上的竞争，未来还会有工作上的竞争。对竞争要有平常心，要进行良性竞争，而不是恶性竞争。

## 准则 **2**

对自己要有正确的认识和定位，要认识到自己的不足与差距，努力完善自己，学习同学的优点，不应仇视比自己优秀的人。

## 准则 3

正确对待同学间的差异，不要攀比、嫉妒，要做不一样的自己，走适合自己的成长之路。

# 更多延伸

校园里同学间的攀比还有：

**1** 攀比吃穿；

**2** 攀比玩具、文具；

**3** 攀比校园地位（如某个同学得到老师的赞美，是校园"红人"）。

……

这些都容易引发嫉妒，如果在嫉妒心的驱使下，去排斥、孤立、讽刺、挖苦同学，就是欺凌。

提出表扬……

## 正误大讨论

对于统一穿校服，有人说穿统一的校服不利于学生的个性发展；有人说穿统一的校服有利于增强集体意识、集体荣誉感，防止学生间攀比。你怎么看待发展个性与防止攀比的问题？

## 身临其境

原始森林里有哪些植物？这些植物长大后各有什么价值？由学生扮演各种植物，并表演出参天大树、灌木、杂草的生长和"价值"。参天大树成栋梁之材，杂草生长枯萎再生长，有人说杂草毫无用处，杂草的一生毫无意义，这是真的吗？

# 怎样对待你看不惯的"坏同学"

要懂正义的程序

必须公了的事不能私了

# 08

## 情境再现

在放学回家的路上，小明和另外三个同学拦住了小张同学。

小明："小张，你站住！"

小张："你们要干吗？"

小明："我们看不惯你已经很久了，要代表全班同学教训教训你！"

小明等四个同学把小张拉到隐蔽处，围住小张。有同学打小张耳光，边打边问："认不认错？还挑拨离间吗？"有同学用脚踢小张，并问："还偷拿其他同学东西吗？"……

小张擦掉眼泪回到家里，父母发现其情绪低落，还看到他脸上有伤痕，问他发生什么事了。在父母的追问下，

小张说出自己被几个同学打耳光、拳打脚踢"教训"的经历。

父母随即报告班主任。班主任听后刚开始不太相信，小明等几个同学平时表现都不错，没想到会这样对待同学，但小张家长反映的问题，又不像是小张编出来的，小张父母还拍了照片发给她。于是班主任马上联系小明等同学的家长，让他们第二天到学校来处理。

# 误区辨析

有同学认为，"打犯错的同学是伸张正义"，这是错误的。就如抓小偷，当发现小偷时，大家可齐心协力抓捕，但抓到小偷后要报警由警察处理，而不能私自殴打、辱骂。每个人都有制止他人违法行为的权利，但却不能私自对他人进行惩罚，这也是超出自身权利的越权行为，是不允许的。

还有部分家长，在得知自己的孩子被同学欺负后，去找同学"兴师问罪"并动手"教训"，为自己的孩子"出口气"，也"教育对方怎么做人"。这是法盲的做法，这种行为是涉嫌违法犯罪的。有家长就曾因殴打孩子的同学而被行政拘留，还有的被追究刑事责任。自己孩子如有被欺凌的情况，要及时报告老师或者报警，由学校和警方调查处理，而不是家长自己动手解决。

有同学对其他同学的行为、表现"看不惯"。那该怎么对待其他同学的行为和表现呢？要看其行为的性质。如果其言行举止属于他们的自

主权利，是他们在行使自己的权利，只要符合法律规定，那无论你再怎么"看不惯"，也要尊重，不能去干涉；但如果其言行举止是法律法规所不允许的，对于这种行为，就不但要制止，还要及时报告老师。

行为是不是违法犯罪是要经过严密的调查程序调查、认定的。不能某个同学说自己被另一个同学欺凌，就"先入为主"地认为他遭到了欺凌，也不能对于他的报告无动于衷，合适的处理办法是进行客观、公正的调查，听取双方的陈述，依据事实进行认定。就如法院审理刑事案件，要由法官审理、判决被告是否有罪，在法院判决之前，被告都只是"犯罪嫌疑人"，而不是"罪犯"。

## 正解透视

对于违纪违规违法的同学，要按照合法的程序进行调查、处理，这也是对同学进行法制教育。班级里如果发现有同学破坏公物，应及时报告老师，而不能私自对其进行"处罚"，或者以"保守秘密"为名

要求其给钱，这是变相的"勒索财物"。

如今，很多校园里都有监控，对于同学反映的被打耳光、被推到地上等问题，学校通常只须调阅监控，就能确定该同学反映的是不是事实，再根据事实情况进行处理。但有的欺凌，如排斥、孤立、辱骂等是很难通过调阅监控进行查证的，还需要学校、老师走访同学，核实谁说的是真的、谁在说谎，才能得到客观、公正的调查结果。

捕风捉影、编造虚假信息、造谣同学的情况在校园里也时常发生，因此不要一听某个同学说什么，就认定其是"真的"，要对这些信息进行核实。这也表明调查、核实的重要性。

## 以身作则

### 准则 1

　　必须公了的事不能私了。在欺凌行为比较轻微时，对方道歉、做出适当赔偿后，可以达成"和解"，这也可以说是私了。如果欺凌行为严重，造成严重的伤害后果，已经涉嫌违法、犯罪，这是不能私了的，校方不仅要给予欺凌者处分，还必须报警，按照法律程序进行处理。如学生遭遇猥亵，有的考虑到面子、担心影响名声，就和对方私了，但这是不能私了的，应该依法对猥亵者进行处理。

此人在学校老欺负人，他住在XX小区，大家去伸张正义！

## 准则 2

　　对实施欺凌行为学生的处罚，要由校方、公安部门进行，被欺凌学生及其家长不能自己去"报复""教训"欺凌学生，这会让自己陷入违法的困境。在遭受欺凌时，学生进行正当防卫是鼓励的，而在对方的欺凌行为终止后，再去殴打对方、实施报复，这也属于暴力行为，产生伤害后果的，要被追究责任。

## 准则 3

　　发现校园欺凌、暴力行为，同学们要勇于制止，并报告老师或报警，不能以"正义"的名义对施暴者进行惩罚。如果全班同学给施暴同学贴上标签，进行孤立，不但不利于他纠正错误，也是对这名同学的欺凌。

## 更多延伸

让某某"社死",这是学生中"流行"的一种对待自己看不惯、处罚犯错同学的做法:要么在网络发帖曝光同学的隐私,要么在学校布告栏里贴字条"讨伐"同学。这不是正义行为,而是网络暴力、欺凌。对于这类行为,有一些人还"叫好",认为对品行不端者就应该这么曝光、声讨,但却无视每个人都有隐私权、名誉权。

## 正误大讨论

"你父母不管教你,我来帮你父母管教!"这种对待犯错同学的方式对吗?

## 身临其境

模拟法庭。扮演法官、检察官、辩护律师、原告、被告,审理一名学生因报复刺伤同学案。

Chapter

# 智对欺凌，正当防卫

**不要惧怕恐吓**

**要勇敢把被欺凌说出来**

09

# 情境再现

这是最高人民法院发布的一个学生反抗欺凌的正当防卫案：

被告人江某某（化名，时年14周岁）是湖南省某中学初中二年级学生。因江某某在春游时与同班某女同学聊天，同级邻班同学胡某认为江某某招惹其女友，要求江某某买烟赔礼道歉，否则就打江某某。之后江某某给胡某买了一包香烟，但胡某嫌烟不好不要，遂产生殴打江某某的意图。

2019年5月17日上午早读课前，与被告人江某某不和的同班同学孙某某，伙同他人借故把江某某喊到厕所，扬言要殴打江某某。江某某有不甘示弱的言语回应（案发后其解释是找借口拖延，打算放学时跑掉）。当日早读下课后，江某某在上厕所时，孙某某、胡某等人又拉扯江某某，并踢了其一脚。后因上课时间到了，各自散去。第二节课下课后，孙某某邀约同学张某某、胡某等人帮忙殴打江某某，并向张某某指认正在厕所内的江某某。

午饭后，孙某某又邀约被害人陈某甲、陈某乙、吴某等帮忙殴打江某某。随后，孙某某等7人前往教室寻找被告人江某某，其他8人在厕所里等候。江某某拒绝前往，孙某某称若不去将强行带走，江某某被迫跟随前往，并将同学用于开药瓶的多功能折叠刀（非管制刀具，刃长约4.5厘米）藏在右手衣袖内。到达厕所后，孙某某、胡某、张某某及被害人陈某甲、陈某乙、吴某等15人把江某某围住。陈某甲上前扼勒江某某的颈部，把江某某摔倒在地后，骑坐在其身上殴打，孙某某、胡某、张某某等人一拥而上进行踢打。

在受到群殴之后，江某某掏出折叠刀乱挥，捅伤陈某甲腰背部，划伤吴某大腿。殴打持续约一分钟后，众人散开。江某某从地上爬了起来，背靠厕所蹲坑的矮墙坐在地上，站在江某某背后的陈某乙对其掌掴，江某某遂转身用折叠刀向陈某乙腹部捅刺一刀，张某某等人再次殴打江某某后离开。后陈某甲、陈某乙、吴某被送至学校医务室治疗。

经鉴定，陈某甲、陈某乙的损伤程度为重伤二级，吴某的损伤程度为轻微伤。同年8月7日，江某某向公安机关投案。

湖南省吉首市人民检察院指

控被告人江某某犯故意伤害罪，向湖南省吉首市人民法院提起公诉。

被告人江某某及其辩护人认为：江某某在遭受同学欺凌时，实施防卫行为对不法侵害人造成损害，属于正当防卫，依法不负刑事责任。

湖南省吉首市人民法院于2020年7月6日做出刑事判决，认定被告人江某某的行为构成正当防卫，宣告江某某无罪。

（资料来源：最高人民法院审判委员会讨论通过，2024年5月30日发布）

# 误区辨析

　　法院认定江某某的行为构成正当防卫，主要理由有三条：一是他是在遭遇欺凌时做出的防卫，而且防卫都发生在不法侵害发生时；二是对其实施欺凌的学生多达15人，双方实力悬殊；三是虽然他带了多功能折叠刀，但这不是管制刀具，他用折叠刀刺伤对方，也不是主动出手，而是在防卫时刺伤对方。

　　这是一个生动的关于正当防卫的案例，表明了不是"谁受伤谁就有理"。对于不法侵犯，同学们可以进行正当防卫。以前，这种防卫行为会被认为是双方冲突、互殴，然后各打五十大板，如果一方受伤严重，就要追究另一方的责任。这样一来，被殴打者似乎只要还手就会认为也有问题，而这显然纵容了先动手一方。

## 正解透视

我国《刑法》第二十条规定：为了使国家、公共利益、本人或者他人的人身、财产和其他权利免受正在进行的不法侵害，而采取的制止不法侵害的行为，对不法侵害人造成损害的，属于正当防卫，不负刑事责任。

因此，同学们在被人殴打时，是可以进行正当防卫的。

但是，进行正当防卫，首先应该在不法侵害现实存在且正在进行时，不能是假想其他人会伤害自己而去动手打别人，或者在不法侵害已经终止后还去"反击"。比如，江某某同学如果是在其他同学殴打自己离开后再追上去"反击"，就不属于正当防卫了。

其次，正当防卫必须针对不法侵害人进行，也就说，要针对侵犯自己的人，不能针对其他人，不能伤及无辜。

再次，正当防卫不能超过必要的限度，在防卫时，要避免过度反应。

强调正当防卫，是要让同学们形成"法不能向不法让步"的法制观念，要勇于对校园欺凌、暴力说"不"，而不是面对欺凌、暴力只默默忍受。但由于实施不法侵害的人不同，侵害行为也不同，如果遭遇不法侵害，要有勇，更要有智。

# 以身作则

## 准则 1

对同学的欺凌、暴力行为，要立即反击、制止。

## 准则 2

如果察觉对方对自己图谋不轨、不对劲，要立即跑开，并学会大叫、说"不"。

## 准则 3

在遭遇危险的情况下，不要激怒对方，要以设法保住自己的生命为前提。

## 准则 4

遭到欺凌、侵犯，要勇敢说出来，不要觉得这是一件羞耻的事。

## 准则 5

如果遭遇性侵害，先不要洗澡或更换衣物，让父母或社工人员陪同去医院，社工人员和医生会帮你做适当的处理。

## 更多延伸

　　"不准告诉别人，否则……""告诉别人也没有用，对你只有坏处！"欺凌者在实施欺凌行为后，会对被欺凌者进行威胁、恐吓，有的被欺凌者因惧怕而不敢告诉家长、老师，结果导致自己长期被欺凌。

　　"这是丢脸的事，说出去太丢脸了！"有的同学在被欺凌、侵犯后，把这视为丢脸的事而保持沉默。

　　被欺凌者的恐吓吓到，忍气吞声，只会助长欺凌者的气焰。

## 正误大讨论

面对不法侵害，学生有权防卫吗？怎么防卫？

## 身临其境

熟悉《刑法》第二十条。扮演实施不法侵害的同学与被不法侵害的同学，表演对暴力行为的正当防卫。

# 被欺凌，可不是"我"的错

拒绝二次伤害

要明辨是非

有正确是非观

# 10

# 情境再现

"为什么不欺负别人，就欺负你呢？"

小李被同学欺负了，他去告诉老师，老师这么问他。

小李："他们几个总在一起欺负我、排斥我……"

老师："你想想，是不是哪里做得不好，为何就不能搞好和同学的关系呢？"

小李："我也想搞好和他们的关系，但他们就是结成小团体欺负我……"

## 误区辨析

"为什么不欺负别人，就欺负你呢？"这一问题是让被欺凌者从自己身上找被欺凌的原因，而不是对欺凌者进行处理。

这是对欺凌者进行开脱，也是对被欺凌者的二次伤害。有的学生就因为老师和家长的这句话，不愿意再把被欺凌的事告诉老师和家长，因为他们觉得在老师和家长那里无法获得救助，反而会遭受又一次伤害。

老师和家长这么问，或许是想教育学生要"更自强"，要搞好和同学的关系，不要被欺负后哭哭啼啼地报告老师、家长。如有家长就告诉孩子："别人打你，你不能打回去吗？"然而，被欺凌学生本就因欺凌而受到身心伤害，在报告老师、家长后却得不到理解、支持，这只会让他们感到更无助。

# 正解透视

在学生反映被欺负、被欺凌时，老师和家长绝对不能说出"为什么不欺负别人，就欺负你呢"这种愚蠢的问题。这会让寻求救助，变为被教训、批评——似乎错不在欺凌的学生，都是被欺凌学生自己的错。是要解决欺凌问题，还是要解决反映欺凌问题的人呢？

对于学生反映的欺凌问题，首先要做的是调查这一问题是不是存在，如果欺凌行为确实存在，那就应该对实施欺凌行为的学生，根据其情节轻重进行处理。

其次，要关注对被欺凌学生的心理疏导，因为欺凌会对学生造成精神损害，严重的欺凌还会让学生产生应激反应，不愿意再上学，不想见到以前的同学。如果对被欺凌学生不是关心，而是指责，这会让他们产生更加严重的心理问题。

在学生的相互交往中，

每个人都不是完美的，但被欺凌不是学生的错，不应要求被欺凌学生"完美"。如果总是以"难道你就没有问题、没有错"来处理学生反映的欺凌问题，就会让欺凌问题在校园里长期发生，而学生即使被欺凌了也不敢、不愿意告诉老师、家长，因为反映欺凌问题，会被要求做自我检讨。

处理欺凌事件和要求每个学生正确对待自己的不足、完善自我，是两回事。欺凌是欺凌，是欺凌问题就要处理，不能颠倒是非。让被欺凌者反思自己，只会使被欺凌者更加自卑，觉得自己一无是处，进而导致其成绩下降、情绪低落，甚至产生厌学情绪。只有积极地帮助他们维权，对欺凌者进行惩戒、处罚，才能让被欺凌者走出被欺凌的阴霾，并对其他同学进行反欺凌教育。

## 以身作则

### 准则 **1**

被欺凌，不是被欺凌者的问题，不要让被欺凌者认为是自己的错。

### 准则 **2**

形成正确的是非观，不因被欺凌者"不完美""有缺点"就认为欺凌有理。

# 更多延伸

对待欺凌问题，还有以下一些令被欺凌学生感到无助的话：

**❶** "一个巴掌拍不响，你惹人家干吗？"

**❷** "你们俩狗咬狗一嘴毛，都去站着！"

**❸** "不搞好同学关系，不把心思用在学习上！"

**❹** "你自己穿成这样，还怪别人吗？"

……

狗咬狗
一嘴毛，
都去站着！

## 正误大讨论

"为什么不欺负别人，就欺负你呢？"你听到过老师或家长对你或其他同学说这样的话吗？你认为这句话有道理吗？如何从自己开始做好反欺凌？

## 身临其境

被欺凌，有错吗？设计、表演被欺凌同学求助时遇到的各种困境，包括被欺凌后遭遇的二次伤害。

这不是你的错。

# 后记

过去十多年来，"校园欺凌"是我接受媒体采访、撰写教育评论涉及最多的校园话题之一。

对于每起校园欺凌事件，我都十分痛心：如果学生都知道什么是校园欺凌，知道怎么应对校园欺凌，懂得保护自己，也不去伤害别人，这些事件完全可以避免，或者至少可以在刚发生不久时就得到妥善处理，而不至于造成对被欺凌学生严重的身心伤害。但现实中，很多被欺凌学生，面对欺凌不敢说"不"，导致自己长期被欺凌，学习生活笼罩在阴霾之中。

怎么教育学生识别、应对校园欺凌，这是反校园欺凌的重要内容。但反欺凌教育存在两个现实问题：一是给学生"讲大道理"的教育形式不受欢迎，学生知道校园欺凌的概念，但却没有反欺凌的意识与能力；二是反欺凌教育的"尺度"难以把握，如学生间的正常打闹与不怀好意的肢体欺凌怎么判断，掌握不好"尺度"，就可能影响学生正常的人际交往，或者让有的学生学会隐蔽的欺凌手段。

编写一本简单易懂、图文并茂的图书，让学生轻松学会应对校园欺凌，这是我一直以来的想法，但在很长一段时间中没有找到理想的呈现方式。随着卡牌在中小学中的流行，我意识到，"文字 + 漫画""图书 + 卡牌"的方式，或许是对中小学生进行反欺凌教育的最佳方式。

在一次公益活动中，我把这一想法与卡游公司的负责人做了沟通，得到了他们的积极响应。对于卡牌，有一些人担心孩子会过于沉迷、"玩物丧志"，不得不说，这是脱离孩子的僵化思维。对卡牌的喜爱，恰恰折射出孩子对简单游戏、娱乐与社交的需求，忽视孩子的这种需求，一味对孩子说教，并不能培养孩子健康的行为习惯，促进孩子健康成长。

一位卡游的创作者告诉我，这次创作反欺凌漫画与卡牌的小伙伴，是卡游的优秀设计团队，在打造中国优秀传统文化原创卡牌方面有着丰富的经验。他们对漫画和卡牌的每个细节反复推敲，而且还对图书文字提出了修改意见。可以说，创作反欺凌漫画和卡牌，让孩子远离欺凌，这是卡游团队赋予卡牌教育与公益价值的一次探索与实践。

对孩子的教育内容与教育方式都要与时俱进。而基本的教育价值理念是不变的，即寓教于乐，以学生为本，重视激发学生的学习兴趣与活力。为此，我期待，这套反欺凌"图书 + 卡牌"，能在反校园欺凌中发挥作用，陪伴孩子健康成长；更期待，在教育的新时代，有更丰富多样的教育形式，让每个孩子都能接受更好的教育。

熊丙奇
2025年5月